Ce Dernier atten[...]

le Vice Roi d'Egypte

BALLET

de

JAMBES

et

BALAI

de CRIN

par

le Tambour de ville

LE DERNIER ATTENTAT

CONTRE

LE VICE-ROI D'ÉGYPTE

PARIS. — IMPRIMERIE A. VALLÉE, RUE DU CROISSANT,

LE DERNIER ATTENTAT

contre

LE VICE-ROI D'ÉGYPTE

Ballet de jambes et Balai de crin

« Balais! ballets!
« V'là d'beaux balais. »
(Cris de Paris.)

CONTE DES MILLE ET UNE NUITS

AU CAFÉ ANGLAIS

LETTRE A M. H. DE VILLEMESSANT

PAR

LE TAMBOUR DE VILLE

MUSIQUE D'OFFENBACH

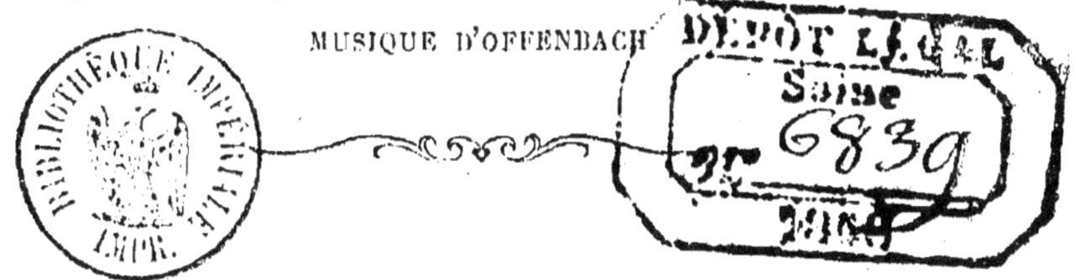

PARIS

Agence des Journaux F. ROY & C°

13, RUE DU CROISSANT, 13

(Tous droits réservés à l'auteur)

1869

A monsieur H. DE VILLEMESSANT, *rédacteur en chef du Figaro, à Seine-Port.*

Cher maître,

J'arrive à peine à Paris où je reviens, après quatre ans d'absence, comme tous ceux qui pensent et *veulent* écrire, chercher une place au soleil, la province m'ayant suffisamment montré quel avenir on en peut attendre.

Débarqué depuis quelques jours seulement, je me trouve le plus étrangement du monde à même

d'apprendre des choses fantastiques relatives au
semblant d'attentat, dont le khédive d'Égypte a
voulu se faire passer pour avoir failli être la victime.

On a fait et l'on fait encore si grand bruit autour
de cette conspiration pour rire, qu'il m'a semblé
utile de faire participer le public aux connaissances que le hasard m'a fait acquérir.

Je courus donc planter ma tente sur un coteau
normand où après avoir raffermi mon esprit affolé
par toute cette fantasmagorie égyptienne, j'écrivis.

Venir cependant, ignoré que je suis, dire crûment
au public : je vais vous en apprendre de belles,
vous révéler des petits secrets piquants de Cour et
de coulisses, m'a semblé bien audacieux, quand
surtout tant d'autres auteurs, plus connus, sont
journellement mis de côté sans que le lecteur dai-
gne ouvrir leur livre.

J'ai pris le parti de vous adresser mon récit, cher
Maître, en le disposant par chapitres, tout comme
le pourrait faire un grand auteur écrivant un grand
ouvrage.

Un sourire de vous, Maître, rien qu'un sourire, et je suis sûr alors d'être reçu partout et d'être lu par tous.

Votre affabilité bien connue ne saurait me refuser cette dédicace familière. Aussi je commence avec confiance :

I

Comment on en vient à rêver de l'Égypte

Pour tout habitant du boulevard des Italiens, l'Égypte, vue du méridien qui passe au-dessus du café Anglais, n'est qu'un coin ignoré des petits crevés et des biches de *high life* issus du macadam. Demandez à quiconque connaît sa géographie, il vous dira la longitude, la latitude, les cours d'eau les montagnes, les pyramides, le Nil, les Cophtes, les Nubiens, les Abyssiniens, les Égyptiens, les Turcs, etc. Un homme plus instruit, ès-science historique, par exemple, vous dira que ce coin appartient à la Sublime-Porte, ou Porte-Sublime — comme vous voudrez — et qu'il est gouverné par un sultaniscule du nom d'Ismaïl-Pacha, qui n'a plus de sérail... connu et qui vient de faire personnellement, en Europe, des invitations — peu goûtées — d'aller casser une croûte et prendre à sa table le *trou* normand, lors du plongeon de la mer dans le canal — tout neuf — de Suez.

Ah ! combien vos connaissances seront plus étendues s'il vous arrive semblable aventure qu'à moi-même. Et c'est bien facile.

Je commence par vous dire que, bien que n'étant point spirite, j'ai, pour cette fois, écrit cette chronique sous la dictée spectrale d'un des commensaux de Robin et consorts.

Cela posé, voici mon secret : il est SIX heures du soir, vous descendez — par le boulevard Montmartre — vers le boulevard des Italiens ; vous rencontrez, par hasard — condition urgente — deux de vos amis fézés — ne pas lire fessés — arméniens catholiques ; vous vous asseyez devant Tortoni pour

prendre l'absinthe. Une cocotte passe, une de celles
qui nous servent à nous autres, pauvres nouvel-
listes, pour faire nos petites chroniques scanda-
leuses, mabiloises, bougivalesques ou autres lieux.
Bref, une de ces petites minettes aux ongles roses,
qui ont, comme le loup de Perrault, de belles dents
pour mieux croquer ; une de ces Parisiennes qui ont
inventé les Benoitons avant Sardou ; une de ces
poupées qui, les premières, se sont fait accrocher
sur leur corps parfumé et maquillé les *suivez-moi
jeune homme*, les *demi-terme*, les *tapez-moi là d'ssus*.
Vous l'amorcez et vous l'enrôlez. Une seconde
passe, de même ; une troisième, de même toujours.

Nous voilà au nombre cabalistique : SIX, que
nous retrouverons plus loin encore. C'est le morceau de résistance ; épicez-le d'un bon dîner, d'un
tour au Bois, d'un souper au grand **16** du café Anglais, arrosez-le de beaucoup de champagne, enivrez-
vous légèrement, pudiquement de vin et de baisers,
endormez-vous sur la table, et vous verrez le fond
des scandales égyptiens.

Je réponds de la réussite de mon moyen sur le
succès complet de l'expérience que j'en ai faite.
Aussi, comme je préfère avoir trouvé cela qu'un
nouveau Chassepot, je livre ma recette au public,

sans réclamer de droits d'auteur, heureux de le
faire rire et de jouer un bon tour à mon très-intime
et très-excellent ami le vice-Roi d'Egypte... Pardon
altesse ! — Le KHÉDIVE D'EGYPTE.

— 3 —

Mise en scène

Donc, il était SIX heures du soir. Après m'être
entoiletté en vrai gentleman vivant de Vachette a
Peters, j'allumai un cigare et m'en fus, sur le boulevard, se faire refléter les derniers rayons du soleil
couchant sur le vernis de ma chaussure.

En face du passage Jouffroy, je rencontrai mon
ami A... Je le pris sous le bras et l'entraînai pour
dîner. Bientôt et près du passage de l'Opéra, nous
fûmes abordés par notre ami B..., que nous emme-
nâmes chez Tortoni. A... et B... sont fézés, — lisez
bien. — A... est bey, B... ne l'est pas. Tous deux,

autrefois, ont fait partie de la cour khédivale pour les plus grandes joies et les plus grands plaisirs du plus grand des princes. Mais Ismaïl-Pacha, qui a fait son éducation à Paris, a conservé la versatilité de caractère et de goûts qui distingue les Parisiens du reste du genre humain ; aussi, fatigué bientôt des agréments que lui procuraient A... et B... il fit jeter, — sans autre forme de procès, — le premier en prison et le second dehors.

A..., sorti de prison et exilé du pays des Pharaons, après la gestation laborieuse d'une espèce de 6ᵉ chambre qui n'a produit que le plus grotesque avortement, est venu à Paris, la terre promise pour tous ceux qui ont à méditer sur l'empoisonnement ou l'empalement, auquel ils ont pu échapper.

Il y avait près d'une heure que nous étions attablés ; déjà la migraine me gagnait au cerveau, tant il était étourdi des doléances de mes deux amis, lorsque Gredinette, tout enveloppée de soie, de dentelles et de linon, vint à passer à proximité de ma botte. Mettre mon pied sur le bord de son jupon, en déchirer le volant, fut l'affaire d'une minute ; elle était conquise, A... se l'appropria, et elle s'attabla avec nous.

Depuis quelque temps déjà, B... ne parlait plus ;

il était tout occupé d'un petit griffon douillette-
ment pelottoné sur les genoux d'une petite dame
dont il mordillait l'éventail, pendant qu'elle cares-
sait l'animal du bout de ses doigts mignons. B...
est timide ; je compris ce qu'il désirait ; je cassai
un morceau de sucre et le jetai au petit chien ; la
dame goba l'amorce, et elle fut des nôtres.

Il était sept heures et demie, l'heure que les gens
bien nés choisissent pour dîner. C'est ce que nous
nous résolûmes à faire. Or, deux Arméniens, un
Français et deux Parisiennes ne peuvent pas dîner
à la française, ainsi que le feraient des bourgeois
du Marais ; nous votâmes donc un dîner à l'améri-
caine, chez Péters.

En route, tout en causant avec mes amis, je
heurtai, sans y prendre garde, un joli bébé tout
blond, tout rose, tout blanc et tout bleu, un amour
de bébé. Le relever, ôter mon chapeau, le remettre
à sa mère éplorée qui s'était précipitée à son se-
cours, fut l'affaire d'une seconde. La dame me sourit d'une telle façon, agréa mes excuses avec tant
d'empressement et de bonne grâce, qu'elle remit
l'enfant à une bonne qui suivait et consentit à être
des nôtres. J'ai appris depuis que c'était un nouveau moyen d'inviter à la... valse, souvent em-

ployé par mesdames les marquises du trottoir.

Il était neuf heures — il est important de bien préciser les heures — quand nous quittâmes la Taverne pour aller au café Riche. A dix heures, nos esprits égayés mirlitonnaient des mots d'amour de contrebande. A... et B... oubliaient l'Egypte et le vice-roi ; Gredinette laissait déchirer ses jupons et sa robe par tous les passants, sans daigner fulminer un regard sur tous ces accrocheurs ; Camélia avait oublié son griffon sur les genoux d'un vieux monsieur endormi ; Antonine ne songeait pas qu'il lui faudrait payer le lendemain la location de son enfant d'emprunt, elle avait de véritables tendresses maternelles ; quant à votre serviteur, il héla un cocher de grande remise qui passait à vide, fit monter tout le monde dans la calèche et lança au somnolent automédon ce cri essentiellement parisien : au Bois !

Nous roulâmes ainsi pendant trois heures, et chaque tour de roue nous faisait faire un pas en avant dans le sentier fleuri de la folichonnerie. C'est assez vous dire que, lorsque nous revînmes au café Anglais et que nous nous installâmes au grand **16**, nous avions atteint l'extrémité de la route.

A deux heures, nous congédiâmes le garçon !...

Bientôt, alors que l'aube indiscrète cherchait à pénétrer déjà l'épaisseur mystérieuse des rideaux, la situation était des plus... simples : A... s'était jeté, bras et jambes étendues, sur le canapé, semblant attendre le crucifiement à la mode égyptienne.

Gredinette, assise d'abord à ses côtés, avait glissé sur le tapis de telle façon que je pus constater à sa jarretière une boucle composée d'un diamant merveilleusement enchâssé au milieu de petites perles fines, formant ces SIX lettres : I. S. M. A. I. L.

Je cherchai B... partout et je finis par le trouver assis sous la table, dans son fez, le nez entre les genoux et ronflant... comme on sait ronfler au Caire.

Camélia, plongée dans le duvet d'un fauteuil, les pieds contre les aiguilles de la pendule, dont elle entravait ainsi la marche, dormait, elle aussi, d'un profond sommeil, tellement paisible qu'on l'eût crue morte si son corsage entr'ouvert n'eût permis de constater, aux soulèvements de son sein gauche, que son cœur battait encore. J'étais seul, debout au milieu de ces orgies, quand je m'approchai de la syrène endormie et déposai un dernier baiser sur sa gorge poudre-de-rizée. J'écartai légèrement le fin tissu de batiste, qui me voilait encore quelque chose, et je vis, sur une minuscule agrafe en brillants et en perles fines qui fermait sa chemise sur l'épaule, les SIX. lettres de la jarretière : I. S. M. A. I. L.!!

Et de deux, pensai-je peu surpris du reste.

Antonine dormait, comme tous les autres, la tête appuyée sur le dos d'un fauteuil et les bras pendants ; ses cheveux noirs, ondoyants et parfumés, s'étaient épendus sur ses épaules comme un long voile de nuit, sa bouche entr'ouverte laissait voir une belle rangée de dents rendues plus brillantes encore par une légère humidité placée là comme pour leur conserver la fraîcheur d'une goutte de rosée sur le pétale d'un lys ; ses yeux, à peine clos, brillaient au travers de ses longs cils comme brille une étoile derrière les branches d'un pin touffu, par une nuit blanche et sereine, elle était belle ainsi, et je l'eusse aimée si elle n'eût été.... Antonine.

Je m'approchai d'elle, je soulevai sa main, et au moment que j'allais y porter mes lèvres, mon regard fut attiré par une bague étincelant son doigt. Comme la boucle de Gredinette, comme l'agrafe de Camélia, la bague d'Antonine se composait d'un brillant entouré de perles fines formant toujours les SIX mêmes lettres : I. S. M. A. I. L.

Et de trois, me dis-je, en laissant tomber, avec désappointement, cette main que j'admirais. Que n'ai-je une quinzaine de ces femmes ? ça me ferait un beau troupeau de biches, portant toutes la *marque* de l'acheteur.

Je retournai m'asseoir tout songeur, je me versai un verre de champage, dans lequel il me semblait voir miroiter les SIX cabalistiques lettres, je mis ma tête entre mes mains et me pris à songer à tous ces bijoux, émanant du même amoureux, et tous destinés, demain peut-être, à aller s'enfermer dans les coffrets du Mont-de-Piété.

De pensers en pensers, mon esprit me reporta vers le dispensateur de ces belles choses, à son pays, cette Egypte brûlante où tout se consume si vite : l'intelligence, le cœur et le corps. Je m'endormis enfin, et bientôt les objets qui m'environnaient prirent une nouvelle forme.

III

Le Rêve

Musique d'Offenbach.

J'étais dans un de ces riches jardins qui doivent
faire les délices de nos modernes Pharaons au petit
pied ; toutes les émanations suaves et enivrantes
du bananier, du citronnier, de l'oranger, du gréna-
dier et des mille fleurs orientales ignorées à nos
climats m'arrivaient à la fois ; de temps à autre,
du milieu d'un bosquet de fleurs, jaillissait une
gerbe de petites paillettes d'une eau scintillante des
mille reflets de la lune bleuissant ; plus loin, en-
tourée de lianes épaisses, je voyais surgir d'un
groupe d'arbres, une de ces énormes têtes de sphinx
dont les yeux de pierre ont l'air de défier l'éternité

et de commander aux siècles qui passent. Les étincelles d'une atmosphère ardente coloraient les grains du sable fin sur lequel je marchais, cherchant à me diriger vers un chant lointain que j'entendais de quelque côté que je me tournasse et qui semblait être l'harmonie de cette luxuriante nature, dont la vue émerveillait mes regards et dont les senteurs emplissaient ma poitrine.

J'errais ainsi depuis longtemps déjà, lorsque au détour d'une allée ondoyant au milieu des fleurs, j'aperçus, glissant derrière un buisson de roses de mai, une femme dont la beauté me sembla ne devoir point appartenir à la terre ; je la pris d'abord pour un sylphe, une ombre de ces bois, une fantasmagorie de mon imagination émerveillée.

Son costume à la turque était d'une richesse infinie et d'une élégance sans pareille : sa robe bleu de ciel, frangée d'or et de pierreries, se relevait à la taille à l'aide d'une large ceinture d'or massif, sur laquelle se dessinaient des arabesques de perles, de diamants et de rubis. Cette ceinture, qui retenait les trois queues de sa robe, enserrait aussi son corsage tout broché d'or et échancré de façon à laisser à nu sa poitrine luxuriante et rebondie comme celle des bacchantes de Fragonard ;

un manteau de pourpre négligemment jeté sur ses épaules donnait encore plus d'éclat à la blancheur de sa peau et laissait émerger deux bras taillés par Phidias ou Praxitèle. Un large pantalon en satin bleu de ciel, comme sa robe, descendait jusqu'à l'attache fine de son pied d'enfant, en plis harmonieusement brisés. Deux petites babouches pourpres enfermaient ses pieds nus. Ses longs cheveux voltigeaient au gré du vent et faisaient, à chacun des mouvements de sa tête, résonner de nombreux petits sequins placés dans ses tresses ondoyantes, et qui semblaient des lucioles cachées dans un bouquet de verdure ondulant sous le souffle léger du zéphyr. Au-dessus de sa tête, un fin cercle d'or, surmonté d'une étoile et d'une aigrette de diamants, retenait son abbarah, tissu tout entier de fils d'argent, et qui, rendu pesant par une bordure de pierres précieuses, dessinait toutes les harmonieuses formes de son corps souple et gracieux.

Elle marchait pensive, à peine effleurant le sable du chemin qui ne gardait même pas l'empreinte de son pied; elle semblait chercher là quelque souvenir; parfois son œil se voilait et une larme, une étoile, venait briller au bord de sa paupière et tombait sur la corolle de quelque fleur; parfois, un sourire, entr'ouvrant les deux coins de sa bouche vermeille, illuminait tout son visage. Elle semblait ainsi Sapho chantant l'amour ; Armide, préparant les enchantements qui doivent retenir Renaud dans ses bras.

Je m'étais arrêté, indécis et ravi. Bientôt, cette merveille disparut derrière un bouquet d'orangers en fleurs. Je m'élançai à sa poursuite, guidé seulement par le sillon d'enivrantes senteurs qu'elle laissait sur son passage et dont chaque fleur, doucement se penchant, semblait vouloir prendre sa part.

Je l'aperçus enfin, au détour d'un sentier perlé de petits cailloux de toutes couleurs, semblable à une mosaïque d'une richesse infinie ; à sa vue je jetai un petit cri de bonheur et d'ivresse.

Elle se retourna et, ramenant son abbarah sur sa figure, s'avança vers moi et me demanda qui j'étais.

— « Ne sais-tu pas, me dit-elle, que ce sont
» ici les jardins particuliers du vice-roi, qu'il y
» allait de ta vie si un autre que moi t'eût rencon-
» tré ? Ignores-tu les folles terreurs qui troublent
» le cerveau bouillant du pacha ? Ne sais-tu donc
» pas que la conspiration noire et terrible s'attache

» à ses pas augustes et qu'il y a lieu, à tout instant,
» de trembler pour ses jours sacrés ?

J'eusse tremblé, en effet, si elle n'avait souri en me disant ces choses. Enhardi par son sourire, je lui montrai la boucle de Gredinette, l'agrafe de Camelia et la bague d'Antonine que j'avais, par hasard, dans les mains. Elle lut l'interrogation dans mon regard et, me souriant de nouveau, elle me prit par la main, m'entraîna dans un fourré épais, impénétrable et me parla ainsi :

IV

Le récit de Schéhérazade

Encore musique d'Offenbach

« Assieds-toi, jeune homme, me dit l'enchanteresse qui m'avait entraîné ; et puisque tu désires connaître les mystères de la Cour égyptienne, je vais satisfaire tes vœux.

« Je suis Schéhérazade, la même qui, pendant mille et une nuits, ai su, par mes contes restés célèbres, égayer suffisamment l'esprit du sultan Schahriar pour qu'il épargnât les jours de ma chère sœur Dinarzade.

« Depuis lors, Mahomet m'a permis d'errer dans les bosquets du Ghéziré — car c'est là que les choses les plus mystérieuses se passent en politique et les plus merveilleuses en amour. J'ai donc appris à connaître le vice-roi, aussi bien, d'ailleurs, que tous ceux qui l'entourent.

« Prête-moi donc une oreille attentive, ô jeune mortel ; et lorsque je t'aurai conté l'histoire ténébreuse du dernier complot, tu seras suffisamment édifié sur ce que tu désires savoir.

« Il prit un jour fantaisie à Ismaïl d'avoir, au Caire, un théâtre autre que celui en planches qui, jusqu'alors avait fait les délices de ses chers sujets. Informations prises, il fit venir de Constantinople un directeur de théâtre nommé Manasse, appartenant à une grande famille arménienne et qui, par goût, s'était jeté dans le tourbillon des théâtres.

« Manasse quitta tout pour se rendre aux ordres du Khédive et organisa une nouvelle scène qui, bientôt elle-même ne suffit plus aux besoins vice-royaux. Manasse fut alors chargé de créer un opéra italien avec *ballet.*

« Beaucoup de danseuses, disait Ismaïl, jeunes et
» belles ; cinquante, cent si tu peux ; moi et ma
» Cour sommes assez riches pour payer leur amour
» et leurs bijoux. Va, mortel fortuné, exécute mes
» ordres. Chaque mollet bien tourné, chaque gorge

» plantureuse, te vaudra une nouvelle faveur de
» ton seigneur et maitre ; mais chaque défaut de
» jambe ou de poitrine te fera cingler d'un coup de
» mon courbache. »

« Ah ! pensa-t-il, lorsque l'impresario fut parti ;
» j'ai étonné le monde, j'ai surpris l'Univers entier
» en fermant les portes de mon sérail. On a crié au
» cénobitisme, à la continence. Pauvres idiots ! ils ont
» pensé sans le théâtre, sans les danseuses tout éme-
» rillonnées, toutes palpitantes, lorsque chaque soir
» elles me feront, de leurs bras, une guirlande de
» chairs pantelantes ; lorsque, chaque soir, je pour-
» rai cueillir sur les lèvres de chacune d'elles un
» tendre et long baiser !..... Ah ! foin alors de mes
» anciennes houris dont l'habitude m'eût bientôt fait
» une charge pesante. — Manasse est un grand hom-
» me, je l'aime et je le comblerai de mes bienfaits. »

«Le vice-roi venait, en disant ces mots, de pro-
noncer l'arrêt de mort de son nouveau favori. Derrière la portière entr'ouverte, un petit homme, gros,
court, trapu, rampant et puant se tenait accroupi,
ouvrant de larges oreilles, pour mieux entendre et
arrondissant démesurément ses petits yeux pour
mieux voir. Il remplissait, auprès du vice-roi, les
fonctions d'apothicaire et venait pour exercer un

de ses offices habituels, lorsque le discours d'Ismaïl à Manasse le cloua sur place.

« Derineth, c'est ainsi qu'on l'appelle, joignait encore à ces fonctions occultes celles de mouchard en chef. C'est lui, en outre, qui était chargé par Ismaïl de lui organiser de temps à autre une petite conspiration, afin de prouver au Sultan, le père des croyants, qu'il était impossible de laisser rentrer en Égypte les princes exilés et notamment Alim et Mustapha.

« Derineth, associé à une bande de gens de son espèce, à la fois fripons, envieux et courtisans ; Derineth, dis-je, trouva moyen, grâces à ses occupations mystérieuses, de capter la confiance d'Ismaïl au point de faire servir à ses projets d'ambition et de vengeance la politique terroriste de son maître.

« Tant que Manasse avait été simple directeur de théâtre, il n'avait point porté le moindre ombrage à Derineth ; mais, dès l'instant qu'il devait tenir dans sa main tant de séduisantes houris françaises, aussi légères que leurs vêtements, l'apothicaire entrevit que sa puissance pourrait bien, un jour, être limitée à la pointe de l'instrument de ses fonctions. Il jura qu'il n'en serait rien.

« La nuit venue, il sortit mystérieusement du palais la figure cachée sous un vaste kouflé, il longea Choubrah, monta dans une daabier, suivit pendant quelque temps le cours du Nil et aborda aux confins d'une plaine immense vers le nord de laquelle il se dirigea en comptant cinquante pas à partir du rivage.

» Arrivé là il souleva une partie du sable artistement arrangée sur une pierre qui masquait l'ouverture d'un souterrain creusé sans forme et sans principes et dont l'existence devait remonter aux âges antérieurs. Point d'escalier, mais une pente assez rapide et rendue glissante par l'eau s'infiltrant lors des débordements périodiques du fleuve.

» Au bout de dix minutes de marche, Derineth arriva devant une autre pierre en face de laquelle il prononça ces mots : « *Allah Kérim!* » La pierre fût aussitôt rejetée de côté et notre apothicaire entra dans une espèce de carré long au fond duquel se trouvaient déjà cinq autres personnages; c'étaient le Moudir, le Wekil, le Cheik-el-beleth, Pattenoters-bey et la fameuse Chasnée-bey, la reine des almées, alors déjà vieille et laide, mais toujours la choyée de la cour.

» Ces cinq personnages se réunirent autour de

Derineth, attendant quelque ordre nouveau du vice-roi.

» Derineth leur parla en ces termes : « Par Allah ! » le jour est proche où, si nous n'unissons nos ef- » forts contre l'ennemi commun, nous perdrons notre » puissance, nos places, nos honneurs, la confiance » même d'Ismaïl. Manasse ! ce chétif Manasse, que » nous croyions n'avoir jamais à redouter, est au » premier rang des faveurs de la Cour. Ce matin, » le vice-roi l'a chargé d'amener ici des danseuses, » des houris de France pour la plus grande gloire » du directeur des théâtres vice-royaux et pour » notre perte. Il faut, à tout prix, abattre cette » puissance naissante, à tout prix nous débarasser » de Manasse. Un châtiment terrible est dû à l'in- » solent qui ose combattre notre influence. Même » par la mort, il nous faut vaincre. »

« Ils étaient hideux ainsi, tous ces êtres éclairés par la lueur indécise d'une torche fumeuse fixée au mur dans un anneau de fer. Ils semblaient des ré- prouvés dans cette atmosphère épaisse, au milieu de ces murs moisis sur lesquels des bêtes gluantes glissaient en bruissant, s'arrêtant parfois pour lan- cer vers leurs émules des étincelles de leurs yeux d'escarboucles.

Parfois aussi, le sifflement aigu d'un serpent venait s'accorder au diapason des éclats de leur haine. Chasnée-bey, surtout, semblable à une devineresse impudique, étalait cyniquement à leurs yeux ses charmes flétris. Ses conseils prévalurent cependant ; elle était depuis longtemps exercée aux intrigues ténébreuses de la Cour égyptienne, et, semblable à un de ces sombres hôtes de la nuit qui mordent dans l'ombre, elle harcelait le courage de chacun.

« Le mystérieux conseil décida l'organisation d'une nouvelle comédie de conspiration plus audacieuse que les autres. Manassé y serait compromis au premier chef, et, par cela même, condamné à une mort ignominieuse et terrible.

« A ce moment de la délibération, une monstrueuse vipère se détacha de la voûte et tomba au milieu des conspirateurs, en faisant résonner bruyamment ses anneaux ; Derineth la prit, l'enroula autour de son bras et regarda le monstre ; deux éclairs de feu jaillirent de leurs prunelles, on eût dit que leurs instincts farouches se rencontraient dans cet embrassement de haine. L'homme étreignit l'animal qui roula inanimé sur le sable : c'était infernal et hideux.

« On arrêta les dernières conventions et il fut résolu que l'on organiserait d'abord une fête au Palais, et que, pour mieux assurer le succès de l'entreprise, on userait auprès d'Ismaïl, de l'influence toujours grande de ses deux almées favorites : Schnaderazade et Salortanim.

» Alors, les conspirateurs se séparèrent et se dirigèrent chacun de leur côté. Derineth, l'âme de tous les complots de cette nature, l'apothicaire ridicule et grossier que je t'ai fait connaître regagna sa daabier. A peine il avait fait quelques pas dans l'ombre qu'il heurta un psylle cherchant dans le sable, une de ces vipères cérastes dont la morsure est si terrible.

» Une idée infernale traversa l'esprit de Derineth, un sourire haineux rida sa face glauque; et, interpellant l'homme, il lui dit : « Eh ! bateleur, ta » chasse est-elle bonne ? veux-tu gagner un bon » backchiche ? — Viens au palais dans huit jours, » apporte une de tes petites bêtes à laquelle tu » n'auras pas ôté les crochets et puis je te donnerai » de plus amples instructions. »

» L'homme s'inclina en signe d'assentiment et se remit à sa chasse dangereuse. Derineth s'éloigna se frottant les mains en signe de contentement de lui-même; l'avenir pour lui, se montrait riant, le remords, la pitié, ne pouvaient prendre place dans son âme, et ce fut sans trembler qu'il retourna auprès d'Ismaïl, ayant en main l'instrument des fonctions qu'il remplissait journellement au Palais.

« Que faisait Manasse pendant ce temps ? — Confiant lui aussi dans l'avenir et dans les promesses du khédive, jaloux de plaire à son altesse, de satisfaire promptement les désirs exprimés, il envoyait dépêche sur dépêche, lettre sur lettre à son correspondant à Paris, Verger, l'agent universel de l'art et des artistes italiens; pendant huit jours il eut la fièvre de l'enthousiasme, à tout propos il courait au palais pour consulter le prince sur les sujets qu'on lui proposait et dont il soumettait l'acceptation au vice-roi.

« Derineth, lui, le guettait dans l'ombre, épiant tous ses pas, tous ses gestes, écoutant aux portes, ouvrant, sans scrupule, les lettres de l'infortuné Manasse, et préparant son odieuse machination.

« Il chercha dans le personnel du théâtre, un homme capable de tout faire, une âme vile et honteuse comme la sienne; il sonda tous les serviteurs de son rival, et finit par trouver un docile instrument dans un machiniste du nom d'Andréa.

« Un jour que celui-ci était occupé à préparer la scène pour la représentation du soir, il alla le trouver sous prétexte de lui demander de favoriser son entrée clandestine dans les coulisses, rigoureusement interdites à tous les profanes. Après avoir sondé le caractère d'Andréa, s'être assuré qu'il y avait chez cet homme une cupide convoitise facile à éveiller, il lui parla plus ouvertement, ayant bien soin pourtant de ne point trahir ses véritables projets.

« Il lui dit : « Un brillant avenir s'ouvre pour
» toi; veux-tu gagner la confiance du khédive; t'as-
» surer à jamais sa protection? Veux-tu, toi aussi,
» quittant ta position précaire, vivre de cette vie
» tissue de voluptés et de plaisirs que nous me-
» nons à la Cour? Veux-tu voir toutes ces femmes,
» dont aujourd'hui tu es le valet, ramper à tes pieds
» et payer un seul de tes sourires par des caresses
» sans fin? Que ferais-tu pour avoir des palais à
» toi, des houris qui charmeraient tous tes instants,
» t'enivrant de parfums et de baisers plus suaves
» encore? Ah! que ne donnerais-tu pas, j'en suis
» sûr? Que ne ferais-tu pour jouir de tous ces biens,
» de toutes ces voluptés terrestres, cent fois préfé-
» rables à ceux que Mahomet promet à ses fidèles.
» Veux-tu gagner tout cela? »

« Les yeux d'Andréa étincelaient, sa poitrine se

soulevait haletante, sa bouche s'ouvrait comme pour
savourer toutes ces délices, que le démon tentateur
faisait miroiter devant son esprit; une lubricité
bestiale faisait frémir tout son corps et rougissait
sa face crispée.

« Derineth jugea qu'il lui était acquis désormais,
qu'il lui appartenait corps et âme, et il continua
en ces termes : — « Écoute. Deux conspirations
« ont été déjà ourdies contre Son Altesse ; tout le
« monde ici — et ailleurs — a cru que l'on avait
« voulu attenter aux jours de notre auguste prince,
« mais à toi, désormais mon égal, je puis dire que
« tout était concerté entre Ismaïl et moi. Seul, j'ai
« tout fait jusqu'à ce jour ; aujourd'hui ton con-
« cours m'est nécessaire, c'est la fortune qui te
« sourit.

« Ismaïl veut s'affermir sur le trône, il veut
« même détacher l'Égypte de l'empire du sultan et
« en faire un grand duché de Gérolstein ; pour at-
» teindre ce double but, il faut à jamais empêcher
» le retour des princes exilés et faire croire que
» l'Égypte n'est que très-difficilement gouvernable ;
» il faut, en l'attachant fortement à Ismaïl, forcer
» le peuple à l'acclamer et à le placer sur le pavois
» du pouvoir suprême.

« Je te le répète, Andréa, j'agis d'après les ordres
» du khédive ; si maintenant tu refuses, c'est la
» mort ; si tu acceptes, c'est la fortune et le pou-
» voir. Aides-nous à faire un royaume de l'Egypte,
» un grand roi d'Ismaïl, et tous deux nous régne-
» rons à la fois sur le peuple et sur le prince. An-
» dréa ! il faut agir ou mourir. »

« Andréa promit tout. — Derineth et lui pénétrèrent dans le théâtre, et il fût décidé que le machiniste profiterait de la fête projetée, à laquelle
Manasse assisterait, pour creuser une ouverture sous
la loge du vice-roi et y placer une bombe infernale.

« Pendant que l'apothicaire préparait cette prin-
cipale partie de la conspiration les autres conjurés
jouaient leur rôle respectif. Le Moudir qui, par la
nature de ses fonctions, avait tous les jours accès
au palais, jetait le trouble dans l esprit du prince re
lativement à Manasse qu'il lui présentait comme
pouvant, par suite de ses liens de famille avec un
des ministres du Sultan, entraver la marche de ses
ambitions.

« Le doute, le doute poignant, étreignit dès lors
l'esprit du prince. Ismaïl, à ce moment, fut pré-
venu des détails de la conspiration ourdie par Derineth ; et, vaincu par les conseils insidieux du Moudir,

il abandonna Manassé à ses ennemis mystérieux.

« Doué cependant d'un caractère profondément dissimulé, le khédive ne fit rien paraître; comme par le passé, il combla Manassé de ses grâces, lui renouvelant sans cesse ses volontés au sujet des houris françaises et italiennes qu'il préférait pour son théâtre, l'autorisant à signer des engagements, le pressant enfin d'organiser sa nouvelle troupe.

« Chasnée-bey, de son côté, circonvint adroitement Schnaderazade et Salortanim, les deux favorites d'Ismaïl. Elle leur montra toutes ces almées nouvelles, toutes ces odalisques venant leur disputer le mouchoir du prince, leur ravir ses faveurs; elle fit si bien enfin, qu'elles aussi promirent leur concours pour anéantir Manassé. Salortanim s'opposa même, une nuit que le vice-roi lui en parlait, à la venue d'une odalisque du nom de Murska, dont la réputation de beauté et de talent était arrivée jusqu'ici. »

Un grand cri que nous entendîmes arrêta la narration de Schéhérazade qui me quitta aussitôt pour en aller connaître la cause. Bientôt elle revint, pâle, émue, frémissante.

— » Qu'avez-vous? » lui demandais-je tout

tremblant moi-même, croyant notre retraite décou-
verte, et sentant déjà sur mes épaules les mains
d'une quantité de cavaz et de drogmans envoyés
pour me châtier de mon audace.

— « Rassure-toi, me répondit Schéhérazade, il
» fallait une tache de sang sur toute cette affaire,
» on vient de l'y mettre. Ceci est la fin de mon
» histoire, je t'en parlerai en son temps. Laisse-moi
» reprendre mon récit à l'endroit où il a été aussi
» affreusement interrompu. »

V

Suite du récit de Schéhérazade

Toujours musique d'Offenbach

« Le jour fixé pour la fête arriva enfin. Derineth, et ses complices osèrent aller à la mosquée de Kalâoum-Sep-el-Dyn pour demander à la divinité de bénir leurs sinistres projets.

« A peine la nuit étendait ses premières ombres que la masse des courtisans se tenait déjà dans les antichambres du palais, jouant à *pair et impair*, leur jeu favori, en attendant que la fête commençât.

« Bientôt les portes s'ouvrirent et tous pénétrèrent dans les vastes salons brillamment éclairés,

ornés de toutes les plus belles fleurs exotiques,
remplis de tous les parfums de l'Orient et de l'A-
rabie, dont la fumée s'échappait d'une multitude
de cassolettes en or massif, et sur toutes lesquelles
ressortaient, écrites en perles fines, les mêmes SIX
lettres que tu m'as montrées : I. S. M. A. I. L.

« Le pacha, étendu nonchalamment sur de riches
coussins de pourpre et d'or, noyé dans des flots de
lumières, s'iradiant et se jouant dans une multitude de pierreries et de cristaux, fumait le chi-
bouque en souriant à tous ceux qui entraient et
allaient s'agenouiller devant lui.

» Derineth fit bientôt son entrée, vêtu avec une
richesse particulière, portant les insignes du titre
de bey, — la danseuse l'était, l'apothicaire le pouvait être, — que le vice-roi lui avait conféré le
matin même, et ayant, pendue à sa ceinture, une
petite seringue en or, insigne de ses fonctions à la
cour.

» Après lui vint Eram-bey, le secrétaire particu-
lier d'Ismaïl, et dont l'allure franche, empreinte de
gentilhommerie, de dignité et de noblesse, l'hon-
nêteté du regard, faisaient un énorme contraste avec
l'attitude rampante, hypocrite et hideuse de Derineth, qui le jalousait d'ailleurs.

» L'un et l'autre prirent place aux côtés d'Ismaïl et s'entretinrent avec lui pendant que la multitude des vulgaires courtisans continuait à venir saluer le khédive.

» La victime arriva enfin. — Manasse, jeune, vif, aimable, vint aussi présenter ses hommages au prince. L'accueil glacial qui lui fut fait par tous eût dû éveiller son attention, s'il avait cru devoir craindre quelque chose. La Divinité, d'ailleurs, qui sans doute voulait le protéger, s'était chargée de lui envoyer un céleste avertissement : son nez s'était démesurément allongé ; tellement même, qu'il avait été obligé d'en mettre l'extrémité dans la poche du vêtement que vous appelez, je crois, vous autres Européens, un gilet. Dans un pays comme l'Egypte, où le merveilleux est naturel, on ne remarqua pas cette croissance spontanée ; Manasse, lui-même, l'esprit toujours occupé par les désirs du prince, semblait, malgré cela, n'y prendre pas garde.

» Le vice-roi donna le signal de la fête. Tous les orchestres des cafés de l'Esbékich ainsi que celui du Théâtre, dissimulés dans des bosquets, firent entendre de douces et agréables symphonies, pendant que les caïtjïes firent circuler les pipes et le café.

» Ensuite vinrent les psylles, ces merveilleux charmeurs de serpents qui font de la hatjé un bâton inflexible en lui crachant dans la gueule et autour de laquelle ils font se rouler et se tordre soit le scytale des Pyramides, soit la vipère céraste, tantôt tous les deux ensemble.

« A ce moment, Derineth, qui suivait tous les mouvements de Manasse et semblait vouloir le fasciner du regard, fit un signe au psylle qu'il avait rencontré dans le voisinage du Nil : « As-tu ta bête, » lui dit-il? — Oui, maître, répondit le bateleur. — » Tiens-toi alors près de cet homme, reprit Deri- » neth, en désignant sa victime, et, lorsque je te »´ferai un signe, lance ta vipère sur son épaule. »

L'homme s'inclina et se rendit au poste indiqué.

« Chasnée-bey venait d'entrer, conduisant par la main Schmaderazade et Salortanim. La première, blonde comme l'ambre, était vêtue d'une longue robe bleue, sa taille dessinée par un corsage bleu également, à brandebourgs noir et or, était luxuriante et cambrée; sur ses épaules, un dolman rouge garni d'astrakan, était négligemment jeté, retenu seulement par une cordelière d'or fin dont les deux bouts étaient fixés l'un à l'autre à l'aide d'un gros diamant de Golconde; son costume se complétait d'un petit schapska bleu fièrement campé sur le côté de sa tête et surmonté d'une aigrette d'argent filé parsemé de petits diamants ; à la main, elle tenait une mince cravache avec laquelle elle faisait, en dansant, siffler l'air autour d'elle. Sa danse était à la fois gracieuse et lascive et elle la rythmait en chantant :

> Ah ! que j'aime les militaires,
>> J'aime les militaires,
>> J'aime les militaires,
>> Leur uniforme coquet,
>> Leur moustache et leur plumet.
> Ah ! que j'aime les militaires,
>> J'aime les militaires,
>> J'aime les militaires
> Leur air vainqueur, en eux, oui, tout me plaît.

» Je dois reconnaître cependant que ce soir-là, la danse de Schnaderazade fut moins entraînante, moins gaie que d'habitude, elle semblait être enveloppée d'un sombre voile de tristesse ; en voici la cause : Schnaderazade devait, chaque fois qu'Ismaïl en manifestait le désir, faire.... pleurer Son Altesse ; chaque larme versée par le khédive valait 5.000 francs à l'almée. Or, la veille même Schnaderazade avait vu dans un des bazards du Caire, un objet d'un grand prix et d'une grande beauté ; elle le désira, il lui fallait 15,000 francs pour satisfaire son caprice, c'est-à-dire faire pleurer trois fois le vice-roi. Hélas ! l'almée ne put obtenir d'Ismaël que deux… attendrissements et elle dût se priver du joyau. De là son ennui, son chagrin.

« Après elle, dansa Salortanim ! Celle-là, brune comme une fille de la nuit, était vêtue d'une robe de velours pourpre frangée d'or, ouverte en carré par le haut, ce qui rehaussait encore la blancheur de ses épaules et de sa gorge demi-nues, dont le potelé merveilleux excitait le désir ; une riche ceinture des pierres les plus précieuses, reposait sur ses hanches, et tombait, sur le devant, jusqu'au bas de sa robe qu'elle creusait par sa lourdeur, ce qui permettait ainsi de juger du modelé de ses jambes ; elle exécuta, elle aussi, un pas qui ne le cédait en rien à celui déjà si libidineux, si risqué de Schnaderazade.

« A un signal de Chasnée-Bey, les deux almées commencèrent la danse de *l'Abeille*. Cette danse, qui plaît particulièrement au vice-roi, est sans doute inconnue en Europe. Les danseuses simulent sous leurs vêtements la présence d'une mouche qui

les pique ; alors, dans un pas indescriptible et tout
fantaisiste, elles cherchent cette mouche et quittent
l'une après l'autre, dans le but de trouver plus facilement leur ennemi, chacune des parties de leur
vêtement. L'art consiste, dans cette danse, à se dé-
vêtir complétement avec le plus de luxure et d'in-
décence possible.

« Lorsque Schnaderazade et Salortanim furent
absolument nues, la scène devint inénarrable, le dé-
lire montant au cerveau de tous ces hommes
échauffés et enivrés par les liqueurs et les parfums, la mêlée devint telle que le pacha lui-même,
d'humeur fort jalouse, jugea à propos d'intervenir ;
mais Salortanim, l'entourant de ses bras, lui chanta.
sur un air tiré d'un opéra que vous appelez la *Favo-
rite*, les paroles suivantes :

Mon gros loulou, tous les beys de la terre
Ne sauraient pas t'enlever mon amour ;
En m'adorant, je n'en fais point mystère,
Tous ces beys là font un superbe four.
Regarde bien au fond de ma prunelle,
Si je mentais je craindrais ton courroux ;
Toi seul, mon roi, remplis mon... escarcelle,
Des autres je me f.... *(bis)*.

« Rassuré par le serment original de Salortanim, Ismaïl ordonna d'introduire les cheiks-arianes, les magnouns, les hurleurs, les bateleurs de toute espèce. Tu sais au moins de quelles privautés jouissent, avec les femmes, toutes ces classes d'hommes; quelles immunités sont accordées à leurs audacieux attouchements réputés saints et honorifiques; je n'ai donc point à te décrire la scène qui se passa alors et que l'esprit se refuse autant à croire que la langue à raconter.

« L'instant de cette mêlée était impatiemment attendu par Derineth qui fit signe au psylle de lâcher sa vipère. Heureusement, Mahomet veillait toujours sur Manasse; il lui produisit, dans le nez, un léger chatouillement qui lui fit brusquement tirer son mouchoir de sa poche. La vipère, étonnée et rendue furieuse, se dressa en sifflant; Manasse la vit, lui présenta son mouchoir qu'elle mordit, tira vivement et arracha les crochets de l'animal devenu alors inoffensif et sur la tête duquel Derineth mit le talon avec rage.

« Ce danger terrible, couru par l'un des invités, suspendit un instant l'orgie. Manasse, désirant se remettre de son émotion, demanda la permission de se retirer.

« Bientôt tous les invités quittèrent le palais ; ne resta plus auprès du vice-roi que les conspirateurs dont Derineth était le chef. Ismaïl, encore ému, ne voulait plus que l'on touchât à son favori ; malheureusement il n'eut pas la force de vouloir longtemps. Encore une fois, la perte de Manasse fût décidée, et tous les conspirateurs se retirèrent en dansant et chantant, sur un air d'Offenbach :

Suivons-le donc, et demain soir,
Dans la loge au fond du couloir,
Nous verrons bien comme il rira
Quand un cavaz l'empoignera.

» Au sortir du palais, Derineth se dirigea en toute hâte vers le théâtre pour s'assurer que ses ordres avaient été fidèlement exécutés.

« Tout était parfaitement disposé, mais Andréa n'y était pas. Satisfait pourtant, Derineth se retira.

» Où donc était Andréa ? — Pris tout à coup de folles terreurs, il courut chez son consul pour tout lui dévoiler ; le consul refusa de l'entendre. Alors il alla chez Manasse, qui venait de se mettre au lit ; il lui dit toute l'infernale machination, sans lui indiquer cependant la part active qu'il y avait prise.

» C'en était trop pour le malheureux Manasse qui, après avoir vérifié l'exactitude des dires du machiniste, courut prévenir le Moudir. Celui-ci, sachant parfaitement ce dont il s'agissait, rit au nez de Manasse; ce que voyant, ce dernier fut au palais prévenir Ismaïl; le prince lui répondit presque qu'il le savait.

» C'était à en devenir fou. Tant d'émotions, de courses, de déboires, éteignirent le reste de courage du malheureux directeur.

» La chose s'ébruita cependant. Derineth et ses complices aidant, Manasse fut jeté en prison, ainsi que Carboni, son administrateur et ami, et dont le dévouement au directeur avait été jugé suffisant pour l'impliquer dans l'accusation dirigée contre Manasse. On organisa un tribunal ridicule devant juger les soi-disant coupables. Ce tribunal était présidé par un petit homme grotesque, chauve, au regard terne, à la lèvre lipue, ramenant constamment deux mèches rebelles sur les côtés de son front, une véritable tête de veau entre deux touffes de persil. On reconnaissait surtout Tricoco — c'est son nom — à son corset et à ses gants blancs.

deux choses qui semblent faire partie de son individu.

» Les indiscrétions d'Andréa avaient tellement précipité les événements que Derineth n'avait point eu le temps de disposer des preuves contre sa victime.

» Le tribunal eut beau faire, on ne put prouver la culpabilité de Manasse. Il fallait sortir de ce mauvais pas. Derineth persuada à Andréa de se déclarer coupable, l'assurant encore des faveurs du vice-roi, d'honneur et de puissance. Ainsi fit Andréa ; le tribunal le condamna à un an de prison ; mais comme si la culpabilité de Manasse n'était pas prouvée, son innocence ne l'était pas non plus, — du moins ainsi on en décida, — on rompit son contrat, on le ruina et on l'exila, Carboni partagea les malheurs de son ami, comme il avait partagé sa captivité.

« Avant le départ de Manasse Derineth fut le voir dans sa prison, lui extorqua la résiliation de son contrat, et, comme à ses connaissances d'apothicaire il en joignait quelques-unes en chirurgie, afin de sauver les apparences en montrant de l'intérêt à sa victime, il lui coupa adroitement une partie de son nez en lui en laissant toutefois plus qu'à la généralité des hommes, afin qu'il gardât éternellement le souvenir de sa mésaventure.

» J'ai dit, jeune étranger ! Va, retournes dans ta
» patrie et raconte aux hommes de là-bas comment
» on agit en Egypte, quels moyens honteux on
» emploie pour se débarrasser d'un homme sans
» l'indemniser de sa ruine, il est temps je crois d'é-
» difier le monde. Ismaïl vient de rentrer en hâte
» dans ses états sous le faux prétexte d'une nou-
» velle conspiration contre sa puissance, cette fois.
» De qui veut-on se débarrasser aujourd'hui, je
» l'ignore, mais bientôt peut-être je pourrai en-
» core égayer une de tes nuits par un nouveau
» conte.

— « Et qu'est devenu Manasse? demandai-je à mon adorable conteur.

— « Je ne sais, me répondit Schéhérazade, sous
» quelles latitudes il est allé maudire ses juges. Il
» pourrait cependant un jour, reprendre possession
» de ses droits méconnus; le vice-roi le regrette
» et peut-être tout espoir n'est-il pas perdu pour lui..

« Quant à Derineth, son influence s'est depuis
» augmentée ainsi que ses titres. »

— Et Andréa? demandais-je encore.

— « Le cri que tu as entendu tout-à-l'heure,
» est le dernier qu'il aura jeté; c'était un complice
» qui pouvait devenir un témoin, on l'a fait dispa-
» raître.

« Écoute un mot encore, avant de nous séparer.
, J'ai lu dans une gazette de ton pays, qu'un an-
» cien directeur d'un des théâtres de Paris allait
» venir ici prendre la place de Manasse; si tu le
» connais, dis-lui qu'il s'en garde bien, il trouve-
» rait auprès de Derineth, non pas des honneurs et
» des richesses, mais la ruine et peut-être la
» mort. »

VI

Est-ce vrai ? — N'est-ce pas vrai

Ronde et finale d'Offenbach.

Content de tout ce que j'avais appris, j'allais prendre congé de Schéhérazade, lorsqu'un hurlement formidable me réveilla en sursaut. Il était poussé par A..., qui, achevant son rêve, se croyait sur le pal.

J'avais donc rêvé !... Tout cela n'existait pas !... Le grand **16** du café Anglais au lieu des jardins splendides de la brûlante Egypte. Gredinette à la place de la poétique Schéhérazade. ; ils étaient là tous et toutes : A..., B..., Gredinette, Camélia et Antonine.

Pour me consoler, je me jetai, dans le but de porter un toast au vice-roi d'Egypte, sur la dernière bouteille de champagne encore pleine et en face de laquelle le courage nous avait manqué. Je voulus emplir mon verre, mais, au lieu de vin, ce fut un rouleau de papier qui sortit de la bouteille; je le dépliai, jetai les yeux dessus.... Hourrah! je n'avais pas rêvé! C'était vrai!...

Sur le papier, nous lûmes une ronde se chantant sur la musique de celle du Brésilien et renfermant, en substance, tout ce que m'avait dit Schéhérazade; la ronde, d'ailleurs, était signée de son nom.

Gredinette bondit au piano, et tous, en chœur, nous chantâmes :

LA RONDE DE L'ARMÉNIEN

Chantée la première fois par Manassé et Verger

1er COUPLET

MANASSE. — Un jour le vice-roi d'Egypte,
Voulant au sultan m'enlever,

VERGER. — Voulant au sultan l'enlever,

MANASSE. — Me fit mettre dans une crypte
Longtemps sans boire ni manger,

VERGER. — Longtemps sans boire ni manger

MANASSE. — Mes amis me croyant en terre,

VERGER. —   yant en terre,

MANASSE. — Me firent construire un tombeau,
Pendant que je courais au Caire,

VERGER. —   rais au Caire

MANASSE. — Après l'avenir le plus beau ;
Ismaïl marchant sur mes pas,
Me répétait tout bas :
Voulez-vous (ter) v'nir dans mes États, (bis.)
Je lui répondis : — Pourquoi pas !

2e COUPLET

— Nous vîmes enfin le rivage
Et le pacha me dit : Faut voir.

— Et le pacha lui dit : Faut voir

— A m'organiser sans ambage
Un joli petit répertoir' !

— Un joli petit répertoir'!

— Je veux ûn théâtre superbe,
                    tre superbe.

— Des femmes chantant et dansant;
  Qu'aucun' d'elles ne soit acerbe,
                  soit acerbe,

— J'aime à changer facilement
  Et toujours, marchant sur mes pas,
      Il me disait tout bas :
  Voulez-vous (*ter*) ravir mes États? (*bis*).
  Je lui répondis : Pourquoi pas!

3° COUPLET

— Vite, je me mis à l'ouvrage,
  Vous fites mes engagements ;

— Je lui fis ses engagements.

— Mais l'apothicair' plein de rage,
  Me créa des désagréments :

— Lui créa des désagréments

— Sous la loge vice-royale
—   ce-royale

— Il plaça, sans me prévenir,
Une grosse bombe infernale
—   infernale

— Qu'on dit que j'aurais fait partir
Ismaïl marchant sur mes pas,
    Me dit alors tout bas :
Voulez-vous (ter) filer d'mes États! *(bis)*.
Je lui répondis : Pourquoi pas!

4° COUPLET

— Hélas! en quittant cette terre,
    J'ai perdu ma place et mon fez

— Il perdit sa place et son fez

— L'Egypte inhospitalière
    Ne me laissa qu'un pied de nez,

— Ne lui laissa qu'un pied de nez.

— Maintenant l'avenir m'effraye,

—   nir l'effraye

— Je me trouve sans un radis,
En attendant que je vous paye

—   qu'il me paye

— Voulez-vous être d' mes amis?
Et partout je suivrai vos pas
En vous disant tout bas :
Voulez-vous (ter) accepter mon bras? (bis).
Tant pis si vous n' répondez pas,

5e COUPLET

VERGER. — Polisson! veux-tu bien te taire,
Il me faut de l'argent ou : crac

MANASSE. — Il lui faut de l'argent ou : crac!

VERGER. — Je te fais un' mauvaise affaire:
Déjà tu peux avoir le trac.

MANASSE. — Déjà je peux avoir le trac!

VERGER. — Que le khédive te rembourse

MANASSE. —   me rembourse

VERGER. — Ou je vais devant l' tribunal
    · Lui demander que de ma bourse

MANASSE. —   de sa bourse

VERGER. — Il te fasse guérir lo mal .
    Ismaïl courra sur tes pas
    Et te dira tout bas :
    Voulez-vous (*ter*) m'tirer d'embarras? (*bis*).
    Et puis il ne r'commenc'ra pas.

———

J'ai fini, cher maître, et n'ai qu'un seul désir, c'est que mon récit ait pu retenir votre attention, bien qu'allant vous importuner jusque dans votre repos. Si j'ai réussi, ma plume, novice encore, aura reçu une consécration, que bien d'autres m'envieront.

LE TAMBOUR DE VILLE.

Château de Villers (Seine-Inférieure), le 5 août 1861.